AF125381

BEI GRIN MACHT SICH IHR
WISSEN BEZAHLT

- Wir veröffentlichen Ihre Hausarbeit,
  Bachelor- und Masterarbeit

- Ihr eigenes eBook und Buch -
  weltweit in allen wichtigen Shops

- Verdienen Sie an jedem Verkauf

Jetzt bei www.GRIN.com hochladen
und kostenlos publizieren

Theresa Wachauf

Der Kampf - Jakobs Kampf mit Gott

GRIN Verlag

Bibliografische Information der Deutschen Nationalbibliothek:

Die Deutsche Bibliothek verzeichnet diese Publikation in der Deutschen National-
bibliografie; detaillierte bibliografische Daten sind im Internet über http://dnb.d-
nb.de/ abrufbar.

Dieses Werk sowie alle darin enthaltenen einzelnen Beiträge und Abbildungen
sind urheberrechtlich geschützt. Jede Verwertung, die nicht ausdrücklich vom
Urheberrechtsschutz zugelassen ist, bedarf der vorherigen Zustimmung des Verla-
ges. Das gilt insbesondere für Vervielfältigungen, Bearbeitungen, Übersetzungen,
Mikroverfilmungen, Auswertungen durch Datenbanken und für die Einspeicherung
und Verarbeitung in elektronische Systeme. Alle Rechte, auch die des auszugsweisen
Nachdrucks, der fotomechanischen Wiedergabe (einschließlich Mikrokopie) sowie
der Auswertung durch Datenbanken oder ähnliche Einrichtungen, vorbehalten.

Impressum:

Copyright © 2004 GRIN Verlag GmbH
Druck und Bindung: Books on Demand GmbH, Norderstedt Germany
ISBN: 978-3-638-93344-5

Dieses Buch bei GRIN:

http://www.grin.com/de/e-book/39305/der-kampf-jakobs-kampf-mit-gott

GRIN - Your knowledge has value

Der GRIN Verlag publiziert seit 1998 wissenschaftliche Arbeiten von Studenten, Hochschullehrern und anderen Akademikern als eBook und gedrucktes Buch. Die Verlagswebsite www.grin.com ist die ideale Plattform zur Veröffentlichung von Hausarbeiten, Abschlussarbeiten, wissenschaftlichen Aufsätzen, Dissertationen und Fachbüchern.

Besuchen Sie uns im Internet:

http://www.grin.com/

http://www.facebook.com/grincom

http://www.twitter.com/grin_com

Bergische Universität Wuppertal
WS 2003/04

04.02.2004

Referentin: Theresa Wachauf
Lehramt Primarstufe
1. Semester

Einführung in die Gotteslehre
Systematische Erörterung und religionspädagogische Umsetzung

Referat:

Der Kampf
Jakobs Kampf mit Gott; Genesis 32,23-31

Inhaltsverzeichnis:

1. Einleitung

„An Gott glauben heißt auch mit Gott ringen" (Halbfas, H. 1986). Das ist der erste Satz, der Kinder mit dem ‚Religionsbuch für das 4.Schuljahr' von Hubertus Halbfas an die Geschichte über Jakobs Kampf mit Gott heranführen soll.

Für mein Referat habe ich mich mit einem Buch aus der vierteiligen Reihe von Religionsbüchern für die Grundschule, herausgegeben 1986 von Hubertus Halbfas beschäftigt. Jeder der vier Bände besteht aus einem Religions- und einem Lehrerhandbuch für die entsprechende Klasse.

Halbfas will mit seinen Büchern den Kindern in der Grundschule Religionsunterricht vermitteln. Er hat die Bücher systematisch in Themenbereiche gegliedert.

An seiner Gliederung erkennt man, dass für ihn Religionsunterricht keine ‚Außenseiter' Funktion einnehmen soll, sondern dass Religion in die Schule eingebunden werden muss. So geht es in seinem ersten Kapitel im Buch für die erste Schulklasse um ‚Leben und Lernen in der Schule' und nicht spezifisch um Religion.

Die Gliederung zieht sich systematisch durch jedes Buch hindurch. Sie beginnt immer mit dem Bereich Schule, geht dann zur Schöpfung über, dann Gott, Jesus, Fest, Gebet/Gottesdienst/Sakrament, Kirche, Religionen, die Kurse: Symbol, Sprache, Bibel.

Diese Themen werden in jedem Buch durch andere Geschichten oder Ereignisse dargestellt. Im ersten Band ist diese Gliederung jedoch noch nicht so genau eingeteilt, sondern es geht hierbei erstmal um die allgemeine Heranführung an Religion.

Das Thema für mein Referat stammt aus Band 4 der Halbfas Reihe. Ich habe mich sowohl mit dem Religionsbuch, als auch mit dem Lehrerhandbuch befasst. Es geht um die Geschichte Jakobs, der mit Gott kämpft. Dieses Thema hat Halbfas dem Bereich ‚Gott' zugeordnet.

Ich werde diese Geschichte unter anderem kritisch betrachten und folgenden Fragen allgemein auf den Grund gehen:

1. In wieweit ist diese Geschichte sinnvoll im 4.Schuljahr? Auch im Hinblick auf die Einbettung ins Kapitel „die dunkle Seite Gottes?
2. Wie ist die Einbettung in die Heranführung der Kinder an die Frage nach Gott?

2. Die Geschichte

„...In derselben Nacht stand er auf, nahm seine beiden Frauen, seine beiden Mägde sowie seine elf Söhne und durchschritt die Furt des Jabbok. Er nahm sie und ließ sie den Fluss überqueren. Dann schaffte er alles hinüber, war ihm sonst noch gehörte. Als nur noch er allein zurückgeblieben war, rang mit ihm ein Mann, bis die Morgenröte aufstieg. Als der Mann sah, dass er ihm nicht bekommen konnte, schlug er ihn aufs Hüftgelenk. Jakobs Hüftgelenk renkte sich aus, als er mit ihn rang. Der Mann sagte: Lass mich los; denn die Morgenröte ist aufgestiegen. Jakob aber entgegnete: Ich lasse dich nicht los; wenn du mich nicht segnest. Jener fragte: Wie heißt du? Jakob, antwortete er. Da sprach der Mann: Nicht mehr Jakob wird man dich nennen, sondern Israel (Gottesstreiter); denn mit Gott und Menschen hast du gestritten und hast gewonnen. Nun fragte Jakob: Nenne mir doch deinen Namen! Jener entgegnete: Was fragst du mich nach meinem Namen? Dann segnete er ihn...“

(Gen 32,23-30)

3. Erläuterung

Es wird davon geredet, wie Jakob einen neuen Namen erhält: *„Israel - der mit Gott kämpft“* (Halbfas, 1986).

Ringen um Gott und die Rückkehr. Jakob muss beweisen, dass er würdig ist, der Auserwählte Gottes zu sein.

Halbfas wehrt sich gegen die frühere Vermittlung des positiven Gottesbildes, der heilen Welt Er will auch die dunkle Seite Gottes darstellen.
Und so erleben wir einen Gott, der Jakob immer wieder prüft und neue Hindernisse überwinden lässt. Gott macht es im wirklich nicht leicht.

Auch die Theologen finden es nicht richtig, nur über die heile Welt zu reden; das merkt man zum Beispiel an der Bibel, denn dort wird Gott auch nicht nur positiv dargestellt.

- Wenn wir über Gott sprechen, dann muss uns und den Kindern bewusst sein, dass wir auch über uns selbst sprechen, und dass wir nicht immer gut und lieb sind.

  Der Mensch bemüht sich, sieht Licht am Ende des Tunnels und erhält den Segen

Die Kinder sollen mit dieser Geschichte Schwerpunktmäßig an die Themen Angst, Ringen und Bewältigen herangeführt werden und diese auf ihre Lebenssituationen beziehen. Vor allem die eigenen Ängste zu überwinden fällt sehr vielen Menschen heutzutage schwer.

„Jakob wird herausgerissen aus seinen Ängsten und mit einer sehr realen Gefahr konfrontiert. Dass jemand mit ihm kämpft. Die Kinder sollten sich nun die Frage stellen, wer es sein könnte. Sie überlegen: Esau, Laban, die sind es wohl nicht. Ist es der Teufel, Gott oder der dunkle Teil seiner selbst? Es ist ein Unbekannter. Der Kampf läuft unentschieden. Jakob aber will den Segen seines Gegners. Das Thema "Segen", das Jakob sein Leben lang in verschiedenen Variationen begleitet hat, bekommt hier eine neue Dimension: Der Segen des Gegners...

Die Kinder mögen das in der Tiefendimension nicht verstehen, aber die Erfahrung lehrt, dass sich Menschen an solche Geschichten erinnern, wenn sie in einer analogen Situation stecken, und dass sie darin Trost und Wegweisung erfahren." (Manz)

Die Frage danach, wer nun dort am Jabbok mit Jakob ringt, bleibt unbeantwortet. Jeder kann es sich denken, aber keiner ist sich wirklich gewiss.

Gerade diese Tatsache ist sehr bedeutsam, denn sie lässt viel Freiraum für Fantasie und Kreativität. Die Kinder können sich eventuell sogar selbst ein Ende der Geschichte ausdenken, bevor man mit ihnen das wahre Geschehen klärt.

Gerade Kindern können sehr erfinderisch sein, wenn es um Geschichten geht. Es ist sogar möglich dass sie der Jakobgeschichte durch Eigenkreation einen völlig neuen Zusammenhang verleihen.

Wenn die Kinder nach einiger Zeit ihre Fantasie ausgespielt haben, gibt es viele verschiedene Möglichkeiten, sie mit der eventuellen Problematik der Geschichte zu konfrontieren. Halbfas stellt in seinem Lehrerhandbuch vier Bearbeitungsmöglichkeiten vor, durch die der Lehrer den Kindern unterschiedliche Sichtweisen und Hintergründe präsentieren und sie mit ihnen bearbeiten kann.

4. Bearbeitungsmöglichkeiten

A) Gut und Böse

Eine Möglichkeit, die Halbfas zur Bearbeitung der Geschichte vorschlägt, ist, dass man anhand der Geschichte veranschaulichen kann, was Israel im Gang seiner Geschichte widerfuhr. Er vergleicht die Geschichte mit einer alten ‚Gespenstersage' (Halbfas, 1993; S.205), aus welcher sie entstanden sein soll. „Die Sage vom Kampf mit dem bösen Flussdämonen in der Nacht als mythischer Ausdruck der Gefahren nicht nur der Flussüberquerung." (Halbfas, 1993; S.205) Andererseits stellt Halbfas den Kampf als „Kampf zweier ebenbürtiger und doch völlig verschiedener Gegner" da. (Halbfas, 1993; S.205) Er stellt Gegensätze auf, die miteinander verglichen und ergründet werden können. Gott, der zwei Seiten hat eine gute und eine vermeintliche böse. Dem Volk ist Gott gleichzeitig „gefährliche Ferne und segenstiftende Nähe" (Halbfas, 1993; S.206)

„Das Leitmotiv der ganzen jahwistischen Jakobsgeschichte ist das Mitsein Jahwes und damit das des Segens." (Halbfas, 1993; S.206)

- Um die Geschichte um den Kampf Jakobs mit Gott auf diese Weise mit den Kindern in der Schule bearbeiten zu können, ist es notwendig, dass die Kinder die ganze Jakobgeschichte kennen. Es geht hierbei um das allgemeine tiefe Vertrauen, dass Jakob in Gott hat, da dieser ihm versprochen hat, immer mit ihm zu sein. Die Doppeldeutigkeit Gottes ist ein schönes Thema, dass man gut mit den Kindern diskutieren kann. Die Kinder kennen, durch ihre Eltern, Bekannten-, Verwandtenkreis oder durch die Kirche meistens nur das Bild eines guten und barmherzigen Gott und lernen so eine ganz andere Seite Gottes kennen.

B) Jakob muss büßen

In diesem Teil geht es unter anderem um die vielen Erklärungen des Namens Jakob. „Der Betrüger und Fersensteller, der Hinterhältige und Trickreiche" (Halbfas, 1993; S.206) In seiner ganzen Geschichte lernt man Jakob mit den unterschiedlichsten Charakteren kennen. Die meisten davon sind jedoch nicht sehr löblich. Es beginnt damit, dass er seinem Bruder Esau dessen Erstgeborenenrecht abkaufte, geht weiter über den Betrug seinem Vater Isaak gegenüber, oder wie er seinen Onkel Laban hintergeht.

Jedoch muss Jakob auch für die vielen Sünden die er begangen hat büßen; Er muss sein Heimatland verlassen und 20 Jahre bei seinem Onkel arbeiten. Dort wird ihm zuerst auch noch seine ihm versprochene und geliebte Frau entzogen. Der Höhepunkt seiner unfreiwilligen Buße ist der Kampf auf Leben und Tod mit einem Unbekannten am Fluss. Hierbei kommt auch eine unheimliche Atmosphäre zum tragen.

Der Ausgang des Kampfes hat einen sozialen Effekt. Im Angesicht Gottes sieht Jakob seinen Bruder Esau und kann nun wieder ohne Angst zu ihm gehen.

Halbfas vergleicht diese Geschichte mit Geschichten von unerschütterlicher Treue und Mit-Leidenschaft des Gottes Abraham, Isaaks und Jakobs (Halbfas, 1993; S.207), und schlägt in diesem Zusammenhang vor, auch die Geschichte von Jesus von Nazaret hinzuzunehmen.

- Den Kindern soll deutlich gemacht werden, dass man für seine Sünden büßen muss und dass man sich seinen Segen nicht wie Jakob erschleichen kann, sondern wortwörtlich darum kämpfen muss. Dieser Teil des Arbeitsbuches ist sehr gut geeignet, um mit den Kindern näher auf die Geschichte einzugehen. Halbfas geht hierbei noch mal ganz speziell auf den Kerninhalt der Geschichte ein und verdeutlicht den Kindern dessen Aussage.

C) Angstneurose

Ausgehend von Aussagen den Psychoanalytikers Erikson spricht Halbfas in diesem Teil über die Neurose des Menschen, die Selbiger überwinden muss, um seine Ziele zu erreichen und zu verwirklichen. ‚Über seinen Schatten springen', heißt auch sein eigenes Ich überwinden; die Seite, die uns bei vielen Dingen im Weg ist. Jedoch gibt es auch die andere Seite, die uns in vieler Hinsicht motiviert und dazu bringt, Ungewolltes zu überwinden. Halbfas nennt dies „Doppelgesichtigkeit" (Halbfas, 1993; S.208) „Erikson schlägt vor, die Geschichte vom Jakobskampf als Kurzgeschichte der eigenen Ganzwerdung zu lesen und diese zu begreifen als Leidens- und Segensgeschichte zu gleich." (Halbfas, 1993; S.208)

- Es ist ungemein wichtig mit Kindern über ihre Ängste zu sprechen und sie in ihren Wahrnehmungen zu unterstützen. Angst spielt in diesem Alter eine bedeutende Rolle im Leben der Kinder. Vor allem müssen die Kinder lernen sich ihren Ängsten zu stellen und nicht davor wegzulaufen. Der Vergleich zu Jakob lässt sich hier sehr schön verdeutlichen. Er stellt sich seinen Ängsten, kämpft dagegen und wird zum Lob gesegnet. Dass heißt, wenn man erst einmal seine Angst überwunden hat, wird man reich belohnt.

5

D) Judenermordung

Élie Wiesel, amerikanischer Schriftsteller ungarischer Herkunft, *1928; nach Befreiung aus nationalsozialistischem KZ in Paris, seit 1956 in den USA; Romane und Erzählungen in französischer Sprache über jüdische Schicksale; 1986 Friedensnobelpreis (Brockhaus, 2003; S.989)

Diesen nennt Halbfas hier im Zusammenhang mit der Frage: „Lässt sich das Alte Testament, lässt sich die Geschichte vom Jakobskampf Israels heute lesen ohne Betrachtung des Holocaust?" (Halbfas, 1993; S.209)

Wiesel berichtet aus seiner Zeit in Auschwitz, wo Rabbiner über Gott Gericht hielten. Die Frage nach Schuld oder Unschuld Gottes kommt auf.

- Ob Gott die schrecklichen Dinge, die auf der Welt passieren, will oder nicht will ist eine gute Diskussionsgrundlage. Der Mensch muss oft schwere Schicksalsschläge überwinden und stellt sich dabei häufig die Frage nach dem ‚Warum?'! Auch für Kinder ist es wichtig zu ergründen, warum Gott Kriege, Morde, Tod oder schlimme Krankheiten zulässt.

Wenn uns Menschen Leid widerfährt, sind wir meistens sehr wütend auf Gott, weil wir nicht verstehen können und wollen, warum er uns das angetan hat.

Aus diesem Gefühl kann sich dann im Laufe der Zeit evtl. ein tieferer Glaube ergeben, oder aber auch, dass wir kein Verhältnis mehr zum Gottesglauben finden. Dabei kann es, vor allem für Kinder behilflich sein, über das Für und Wider der Gottesentscheidungen zu sprechen.

„Vielleicht mag sich der eine oder die andere fragen, was dieser Text mit der Frage nach dem Leid zu tun hat. Überlegen Sie sich selbst, ob Sie darauf eine Antwort finden! […] In dunklen Nächten des Leides, wenn wir all unsere Ohnmacht, unsere Fragen und unser Elend herausschreien, uns dabei immer wieder zu Gott hingezogen fühlen und von ihm abwenden wollen, befinden wir uns auch im Kampf. Wir wollen gesegnet werden, ringen aber immer weiter. Vielleicht haben wir am Ende auch das Gefühl, gestärkt zu sein, wenn die Morgenröte anbricht.

Lassen Sie diesen Text unter diesen Gesichtspunkten auf sich wirken!" (Sieger)

5. Die Bilder im Buch

Die Bilder, die Halbfas in seinen Büchern darstellt, beziehen sich meistens auf ein Ereignis unserer Zeit (z.B. ‚der grüne Jude'). Bilder sind im Allgemeinen sehr wichtig in der Vermittlung bei Kindern, jedoch sollten es nicht nur irgendwelche Illustrationen sein, die sich nur auf den zu behandelnden Text beziehen, sondern den Kindern Denkanstöße bieten und weiterführend, vertiefend sein. Halbfas' Bilder haben meistens keinen direkten Bezug zum Text, sondern zeigen einen eigenen geschichtlichen Hintergrund.

Er macht in seinen Geschichten oft Anspielungen auf Ereignisse des Schicksals im 3.Reich und auf die Kriegsverhältnisse.

Dabei ist es wichtig, den Kindern in der Grundschule ein gewisses Hintergrundwissen zu vermitteln. Viel zu häufig wird den Kindern erzählt *warum* der Krieg ausgebrochen ist und warum diese schrecklichen Dinge geschehen sind, Jedoch wird zuwenig davon berichtet, *was* überhaupt passiert ist. Die heutige Generation soll ein gewisses geschichtliches Grundwissen haben.

Wir müssen wissen, was damals passiert ist, damit es nicht wieder passiert.

6. Der Jude in Grün

6.1 Beschreibung und Deutung

Das Ölgemälde wurde 1914 von Marc Chagall, russisch-jüdischer Maler und Grafiker, *1887, †1985; lebte ab 1949 in der Provence; thematisierte seine Erinnerungen an die russische Heimat und die Welt des Chassidismus in starker Farbigkeit. (Brockhaus, 2003; S.146), gemalt und ist 100 x 80cm groß. Es befindet sich in Privatbesitz in Basel.

Es zeigt einen alltäglichen, unheiligen, weltlichen Juden, den >Prediger von Slusk<, der vom Leben gezeichnet ist. Der chassidischen Wanderrabbi sitzt auf hebräisch geschriebenen Bibeltexten mit Worten Gottes an Abraham. Die Bibel ist Basis und Bezug seines Lebens. Seine Haltung ist gebeugt, sein linkes Auge fast geschlossen und die Hände gefaltet. Sie sind im Verhältnis zum Gesicht bewusst klein dargestellt. Er verkörpert das Schicksal seines Volkes.

Der Segen Gottes bedeutet in der Bibel nicht nur „Sonnenschein" sondern auch

„Dunkelheit" und die „Einsamkeit der Nacht". (Halbfas, 1993; S.211)

Das ganze Bild ist in unnatürlichen Farben gehalten Das Gesicht ist grün, der Bart ist gelb, die Hände grün und weiß. Damit drückt Chagall seine „psychisch wahrgenommene Erfahrung" aus. (Halbfas, 1993; S.211)

6.2 Beziehung zur Geschichte

Gibt es überhaupt eine Beziehung zwischen dem Bild und dem Jakobs Kampf?

Es besteht insofern eine Beziehung, dass der Jude auf dem Gemälde auch einer ist, der seines Schicksals wegen mit Gott kämpft. Er musste in seinem Leben soviel Unheil ertragen und hat doch den Kampf um Leben und Tod, um Gott gewonnen.

Halbfas empfiehlt allerdings, dass Bild erst auf die Bibel zu beziehen, wenn der Hintergrund der Bedeutung geklärt ist.

6.3 Mögliche Unterrichtsschritte

1. Ansehen des Bildes, spontane Äußerungen.

2. Impulse zur Erschließung: Achtet besonders auf die Köpfe, die Füße, die Hände...

3. Vergleich der Erzählung 1. Mose 32 mit dem Bild von Habdank. ... Was arbeitet der Künstler besonders heraus?

4. Welches Menschenbild und welches Gottesbild wird erkennbar?

5. Kennen wir auch Kämpfe mit Gott? ... Wie äußern sich heute Zweifel an Gott? Wo möchten wir gegen Gott etwas erzwingen, zumindest ihn inständig anflehen?

6. Welche Rituale können uns helfen, Klage, Bitten, Dank auszudrücken? ... Welche Gesten sind hilfreich, Segen zu erbitten und Segen weiter zu geben?

8

7. Kritik

Ich bin der Meinung, dass es im Bezug auf die Geschichte des Jakobskampfs zur Anwendung im Unterricht in einer Grundschule einige Kritikpunkte zu benennen sind.

Soll dieses Thema im Unterricht behandelt werden, oder nicht?

Bevor wir uns entscheiden, mit den Kindern diese Geschichte nach Halbfas zu behandeln, müssen wir uns fragen, ob Kinder in der Grundschule die Sinnzusammenhänge verstehen können.

Warum wählt Gott nicht Esau sondern Jakob als Stammesvater aus?

Gott hat sich für Jakob, den Betrüger als Stammesvater entschieden und nicht für Esau, den fleißigen, ehrlichen und braven Mann Warum?

Diese Frage kann auch bei Kindern auftreten und große Verwirrung hervorrufen. Die meisten Kinder lernen, dass brave fleißige Menschen, die nie etwas anstellen in den Himmel kommen, und solche, die betrügen und Verbrechen begehen in die Hölle. Nun erleben sie, wie Jakob sogar von Gott bevorzugt wird. Es ist sicher sehr schwierig, den Kindern das zu erklären.

Dass Gott Jakob gewählt hat, da dieser ein ganzer Mann ist und selbst in gefährlichen Situationen stark bleibt, ist sicherlich eine Erklärung für die Gottesentscheidung.

„Geschichten von der Erwählung der Unscheinbaren, der Kleinen und Allzumenschlichen" (Halbfas, 1993; S.207); so begründet Halbfas die Wahl Gottes.

Die Rätselhaftigkeit, die uns und den Kindern hier geboten wird, sorgt allerdings auch für ein anregendes Interesse, sich tiefer mit den Begebenheiten auseinanderzusetzen.

Des Weiteren stellt sich mir die Frage, ob ich mit den Kindern diese Geschichte bearbeiten kann, ohne das Vorwissen, bzw. die Kenntnis der Kinder über die komplette Jakobsgeschichte. Reicht ihr Allgemeinwissen über die Bibel und ihre Geschichten, welches sie bis zum vierten Schuljahr erhalten zum Verständnis dieses Textauszuges aus?

Es ist mit Sicherheit sehr viel hilfreicher, wenn den Kindern die Jakobsgeschichte bekannt ist. Ich würde fast sogar sagen, dass es notwendig ist, mit ihnen auf die vielen Hintergründe einzugehen. Sie müssen erfahren, *warum* Gott mit Jakob kämpft; dass es eine weitere Buße in seinem Leben ist für die Sünden die er zuvor begangen hat. Außerdem ist es wichtig zu erfahren, wie es nach dem Kampf weitergeht. Jakob ist ja nun gesegnet und wird Stammvater von und über Israel.

Zum Bild des Juden in Grün an dieser Stelle muss ich sagen, dass ich es eher störend als positiv begleitend finde. In erster Linie hat das Bild nichts im Geringsten mit dem Jakobs Kampf zu tun, wird aber von Halbfas in seinem Buch präsentiert, als wäre es ein großer Bestandteil zum Verständnis der Geschichte. Da Kinder generell einen starken Bezug zu Bildern haben, und diese auch meist unterstützend zum Verständnis dankend annehmen. So bin ich in diesem Fall der Meinung, dass man das Bild besser weggelassen hätte, bzw. ein ‚passendes', damit meine ich optisch zuordnungsfähiges Bild, wie das zweier ringender Männer an einem Fluss.

Der Text alleine ist sehr verständlich, doch das Bild sorgt für Verwirrung.

Natürlich ist es auch von großer Bedeutung, den Kindern nicht nur ein Bild vorzulegen, bei dem sie keine eigenen Denkanstöße mehr haben, sondern durch das Bild ihre kreativen Fähigkeiten zu bestärken und zu unterstützen.

Das Gegenteil dazu passiert meiner Meinung (mit Vorbehalt) nach, wenn die Kinder das Bild des grünen Juden neben der Geschichte sehen. Sie werden viele kreative Einfälle haben, die jedoch nicht viel mit Jakob und dem Kampf am Jabbok gemein haben.

Im Großen und Ganzen finde ich es sehr kühn von Halbfas, dass er den Kindern solche Texte und Bilder zumutet. Die Bücher empfinde ich als große, jedoch überwindbare Herausforderung für die Kinder.

Ich freue mich jedoch schon darauf, genau solche Situationen selbst in der Schule als Lehrerin zu erfahren, und eventuell sogar festzustellen, dass ich ersten völlig falsch lag, und zweitens die Kinder einfach unterschätzt habe. Bis dahin werde ich diese Wahl Halbfas' sehr kritisch ansehen.

8. Literatur:

- Der Brockhaus - in einem Band; 10. Auflage, F. A. Brockhaus, Leipzig, 2003

- Halbfas, Hubertus (Hrsg.): Religionsbuch für das 4.Schuljahr; Patmos Verlag, Düsseldorf, 1986

- Halbfas, Hubertus: Religionsunterricht in der Grundschule, Lehrerhandbuch 4; 6.Auflage, Patmos Verlag, Düsseldorf, 1997

Internetseiten:

- Manz, Marianne : http://www.rpi-virtuell.net/workspace/users/798/Jakob/jakob.htm (20.01.04, 19:11 Uhr)

- Sieger, Jörg: http://www.joerg-sieger.de/glaube/impuls/leid4.htm (20.01.04, 19:11 Uhr)

11